AF607576

# Fatamorgana

Poemario

# Fatamorgana

## Poemario

GIOVANNA BENEDETTI

Prólogo de
Gloria Díez

Gnomon es una colección de Ediciones Doce Calles
dedicada a textos literarios

EDICIONES DOCE CALLES
Apdo. 270 Aranjuez 28300 (Madrid)
Tel.: (+34) 91 892 2234
www. docecalles.com
docecalles@docecalles.com



ISBN: 978-84-9744-468-2
Depósito legal: M-3317-2024

Impreso en España. *Printed in Spain*

A la memoria de mi madre,
Olga Velásquez de Benedetti (1925-2023)

Fatamorgana

De *Fata Morgana*, personaje de las leyendas artúricas.

1. *f. p. us.* Fenómeno de espejismo
que la gente de mar atribuía al hada Morgana.

2. *f. p. us.* Ilusión,
concepto o imagen sin verdadera realidad.

# ÍNDICE

Cuarta entrega
ÁGORA

# A la sombra de la Morgana

Estamos. lector, ante el libro más transparente de Giovanna Benedetti. Y eso es importante porque lo que cubrió la palabra, solo puede ser descubierto mediante la palabra. En *Fatamorgana* encontramos un intento de permitir que afloren aspectos de la escritora que siempre han aparecido velados.

Giovanna Benedetti es hija de un influyente jurista panameño y su primera infancia se desarrolló en un entorno casi selvático, una casa familiar levantada en territorio de jaguares, una construcción abrazada por las sombras y los ruidos de la noche. Muchos gérmenes de la obra y la vida de Giovanna hay que buscarlas ahí. Giovanna percibió el misterio desde los ojos de niña, que es tal vez el único lugar desde el que puede percibirse realmente.

Giovanna siguió los pasos paternos y estudió derecho. No me sorprende que un abogado pueda escribir poesía, pero sí que un poeta pueda caminar impune por las áridas avenidas de los textos legales, sin rasgarse la piel. La obra de Giovanna Benedetti ha recibido, como puede leerse en la solapa de este libro, el premio Ricardo Miró en las modalidades de cuento, ensayo y poesía. Y es que la creación de Giovanna tanto se puede plasmar en un relato como en un poema, sin olvidar la pintura o la cerámica. Todo vale para nombrar el mundo, para extraer lo que se cuece en el caldero de la mente y tenderlo al sol, como se tiende una sábana a la orilla del río: blanca, tibia, inexplicablemente viva.

Lo primero que salta a la vista, al empezar a leer *Fatamorgana*, es la abundancia de citas que encabezan los poemas. Aunque las citas han estado siempre presentes en la obra de Giovanna Benedetti, y para comprobarlo basta con ojear sus poesías reunidas bajo el título *Después de los objetos*, en este libro la nómina de personajes es particularmente copiosa: desde Olga Orozco y Sor Juana Inés de la Cruz, (dos figuras especialmente queridas por Giovanna) a Marguerite Yourcenar o T.S. Eliot. Tras ellos desfilan otros: Federico García Lorca, María Zambrano, Apollinaire... *Leo a Yourcenar. Visito espejos*, escribe Giovanna. Es necesario un gran valor, rozando la osadía, para adentrarse en el mundo sutil de las copias, donde la realidad se multiplica y se pervierte.

Uno de los aspectos más sugestivos y más inquietantes de la creación poética es cómo se manifiesta. No necesito aclarar que hablo de creación poética, no de mera versificación. En el caso de Giovanna, la poesía nace primero como música, para luego hacerse palabra. Escribe: *Salvaremos /—quizás—/ la música de fondo/ los pájaros verbales/ las imposibles fugas.*

¿Y por qué este poemario se encuentra bajo la advocación a la Morgana, Morgan le Fay, la (medio) hermana del Rey Arturo? Aclaremos, para empezar, que el libro está recorrido por una corriente subterránea, que aflora con frecuencia, aunque vuelva a ocultarse, *Fatamorgana* va de mujeres con poder, de mujeres y de poder. Morgana es hada o maga, pero también hechicera o bruja. Quizá no sea casualidad que se dé el nombre de «Fata Morgana» a un tipo de espejismos. Como espejismo aparece también en la obra de Giovanna Benedetti: *El nagual que nos figura ocupa todos los ecos/ y Morgana / (la que finge) / nos devuelve su reflejo*. Es la misma Morgana que «le gana la partida» a la escritora: *Morgana la que exhuma. / Morgana la que quema. / Morgana minuciosa, flotante, retorcida / incrustada en la neblina/ del olvido y la memoria/ con el cuerpo transparente/ vestida de humedades.* El espejismo es un espejo que miente (más).

Magia y poesía, ¿pero es que tienen algo en común? Tal vez sí, porque son dos artes que se ejercen mediante la palabra y que invocan el poder del símbolo. Y si bien el conjuro poético no puede curar, o transmutar, es capaz de convocar belleza y transmitir conocimiento.

*Fatamorgana* es un libro dividido en cuatro partes: *Fatum, Desiderata, Domus y Ágora*. Aunque los libros de Giovanna Bennedetti se fraguan sin una unidad preconcebida, en cada una de esas partes se puede rastrear una nota dominante, como ocurre en los perfumes. En *Fatum*, por ejemplo, aparece lo soñado, lo querido. Leemos: *Reclamo a la Morgana saber cómo descansan /los peces que navegan, las sirenas sonámbulas. Entender dónde comienzan las corrientes de los ríos/ quién planta las orquídeas: dónde se tumban las aguas / con qué velocidad se ingenian las gramáticas del sueño/ cada vez que el cuerpo duerme y la potencia vaga.* Es el *fatum*, el hado, el destino que, según Giovanna, la vida nos va entregando a trozos, a medida que avanzamos.

*Desiderata* nos habla del deseo y si es bien es cierto que en la obra de Giovanna Benedetti no abunda en referencias eróticas, aquí se puede rastrear algunas. Esa carencia tiene que ver con el pudor, pero sobre todo con el miedo a mostrarse y por lo tanto a ser vulnerable. Escribe: *Hoy me estorban las luces/ la redondez horaria/ las noches convividas con agua de jazmines. / Los renglones torcidos/ el champán avinagrado/ y el cuervo que suplanta a las dóciles palomas.* Y más adelante: *Aún sueño con sabores como sabueso en celo. / Pero ya no valen obras perdonando las traiciones. / La malicia un día fue echada/ a ambos lados del espejo.* La poesía de Giovanna está en permanente lucha consigo misma, debatiéndose entre la necesidad de mostrar y el deseo de ocultar. A veces, quien aumenta saber, aumenta temor. Y la poeta apunta acusadora a la «angustia que la sigue y la encierra entre metáforas». ¿Qué nos lleva a visitar el lado oscuro? Giovanna confiesa que no lo sabe: *Ignoro qué nos lleva a visitar las sombras. /A aullar bajo la luna. A detestar espejos. / A desaparecer como un eclipse detrás de las cornisas. / A bajar a los infiernos y pactar con los demonios/ entre dientes de ajo y consonantes sordas.*

*Domus* hace referencia al mundo interior, («guardo un par de alimañas debajo de la mesa», dice) mientras que en *Ágora* nos espera la mirada hacia el pasado, un ajuste de cuentas con un tiempo en el que, la lucha por los ideales dio paso, con el curso de los años, a una aceptación de lo posible y a no pocas decepciones. Al final de todo el esfuerzo, la gran roca apenas se movió. Y sin embargo... *Soñábamos/ con asaltar el cielo. / Con descolgar las estrellas. / Con ir provocando insomnios.* Soñábamos.

*Fatamorgana* se desenvuelve en un tiempo real, pero tiene también una vertiente onírica. que en el caso de Giovanna se relaciona con la primera fase del sueño, el comienzo de la inmersión en el inconsciente. Sor Juana Inés de la Cruz habla del *primero sueño* y Giovanna escribe en el poema titulado *Conticinio: Desde este poder sin cuerpo/ que es el verbo / elijo el conticinio de la palabra oscura: / la que me atrae al encuentro del duende y la ceniza.*

Y es que, si bien se mira, la magia, el duende y el poema siempre han bebido de ese poder sin cuerpo que es el verbo. Y Morgana la «domadora de apariencias», lo sabía.

*Gloria Díez*

Guadarrama a 25 de julio de 2023,
día del apóstol Santiago, a quien se atribuye el prodigio,
o el espejismo, de guiar a los ejércitos.

*Primera entrega*

# FATUM

*Porque tal es la prueba*
*y tales las maquinaciones de la simuladora...*
Olga Orozco

*Changer de forme et de caractère*
*de guerisseuse à sorcière: pour elle, la force de*
*la magie est généralement la Morgaine.*
Chretien de Troyes

## Conticinio

*El conticinio casi ya pasando*
*iba y la sombra dimidiaba, cuando*
*de las diurnas tareas fatigados…*

*El sueño todo, en fin, lo poseía…*
Sor Juana Inés de la Cruz, *Primero Sueño*

Desde este poder sin cuerpo
                    que es el verbo
elijo el conticinio de la palabra oscura:
la que me atrae al encuentro del duende y la ceniza
y me envuelve hasta el incendio forestal del alba.
Todo escapa hacia el centro del prisma enmudecido.
Todo menos la chispa que permanece intacta.
El sigilo que detiene la luz de la cerilla
y el duelo permanente de las casualidades.

Reclamo a la Morgana saber cómo descansan
los peces que navegan, las sirenas sonámbulas.
Entender dónde comienzan las corrientes de los ríos
quién planta las orquídeas: dónde se tumban las aguas
con qué velocidad se ingenian las gramáticas del sueño
cada vez que el cuerpo duerme y la potencia vaga.

Nada hay con más derecho a figurar tinieblas
que el reflejo —sin luna— que aún persigue una imagen.
Esa pared de enfrente: la pesadilla loca
que detiene a medianoche las películas del habla
y va oxidando el viento, los insectos y la aurora.

Aún me obligan las preguntas
esta vez ya sin respuestas
en bondad con la experiencia de acariciar el fuego.
Será parte del camino de la oscuridad del alma
que despierta adormecida después de la fatiga
con la voz y la apariencia de las figuras rotas.

# El sitio de los desafectos

*Here is a place of disaffection*
*Time before and time after*
*In a dim light: neither daylight*
*Investing form with lucid stillness*
*Turning shadow into transient beauty*
T. S. Eliot, *Four Quarterts*

Me he visto
sobre el cuello pintado en otro lienzo
fingiendo alguna mueca de gesto enmascarado.
Yo era apenas un fantasma: una sombra aparecida
un *doriangrey* cifrado entre tintes y reflejos
que abrazaba el pretexto de la eternidad ociosa
entre los viejos arcanos de algún tarot del siglo.

Hoy me estorban las luces
                    la redondez horaria
las noches convividas con agua de jazmines.
Los renglones torcidos
                    el champán avinagrado
y el cuervo que suplanta a las dóciles palomas
con el pulso y la paciencia
de un mecanismo de clepsidra.

## El don de la hojarasca

*Hay un dolor que hiere*
*y despierta la furia.*
Gloria Díez

No conservo la osadía de venganzas ni de quejas.
Ni siquiera aquel consejo cordial de los secretos.
Únicamente el entusiasmo:
la armadura
el viejo péndulo
y algún pliego de cordel
que me enjareta al hábito.

Aún sueño con sabores como sabueso en celo.
Pero ya no valen obras perdonando las traiciones.
La malicia un día fue echada
a ambos lados del espejo
(y la escarcha
que recubre
esa persiana
se ha cegado).
El don de la hojarasca es propiedad del tiempo.
Viene y va sobre un mapa detallado de fronteras.
Aguarda en la angostura entorpecida de las furias
en un plan de eternidad
que se complica en saltos.

## Los no-muertos

*Puede que distingáis en mí solo desdicha,*
*el bautismo de sangre del vampiro.*
*...Pero tened presente la verdad dolorosa:*
*no bastará mi muerte para acallar al monstruo.*

Raquel Lanseros

Admiro la tenacidad de los vampiros.
La substancia en movimiento que los guía.
La exacta ceremonia en la que repiten cada escena.
La lentitud y deliberación con las que asumen riesgos
teniendo siempre en cuenta el giro de los astros.

Percibo el parecido
con la fragua de un poema.
La espuela en las mandíbulas.
        Las inútiles derrotas.
La frágil inmortalidad que exige transfusiones
después de haber mirado sangrar todas las cosas.

Ignoro qué nos lleva a visitar las sombras.
A aullar bajo la luna. A detestar espejos.
A desaparecer como un eclipse detrás de las cornisas.
A bajar a los infiernos y pactar con los demonios
entre dientes de ajo y consonantes sordas.

Bastante cuesta, al cabo, alimentar insomnios.
Embrujar evocaciones para atravesar paredes.
Propiciar a los murciélagos. Mirar por las rendijas.
Y concentrar el silencio literario del no-vivo
en la garganta agradecida del no-muerto.

## La voz quema

*Todo silencio está hecho de palabras*
*que no se han dicho.*
Marguerite Yourcenar

¿A dónde va la voz cuando el silencio obliga
y se oscurecen las caricias detrás de los espejos?
Una temeridad, una simulación pautada
una ráfaga de desatinos, errores y querellas
y la voz se lleva en lágrimas el aire y las sospechas
que alientan las orillas guardianas del misterio.

No hay más intermediarios: la voz quema
y no vale cualquier pliegue de paciencia en las heridas.
Es el síntoma continuo de la cifra irrecobrable.
La maldición cumplida (*la morgana*)
cegando cada roce del polvo en la garganta
donde solo se registra la sed de otras palabras.

De esa sorda terquedad queda la calma.
Los dispersos ademanes. La escritura que no empieza.
Los lentos y los ágiles ropajes de las fórmulas.
Y las noches y los días ahuyentando fonemas.

## Las meninas

*Tu no me ves desde donde te miro.*

Jacques Lacan,
(Sobre Diego Velázquez)

Vacilo entre si ver las miradas que me miran
o seguir con la vista los ojos de Velázquez.
Sé que el pintor ha decidido
observar a los paseantes:
abrir unas ventanas y dejar cerradas otras
para que la luz de una escalera
y la oscuridad del techo
se vacíen de las imágenes
que alojan sus paletas.

Puedo oír, fuera del cuadro, a los intrusos que caminan.
¿A quién espera la infanta? ¿Cómo se llaman las meninas?
¿Por qué están en el espejo de atrás los dos monarcas?
¿Quién era Maribárbola, la bufona macrocéfala?
¿Y, Nicolasillo Pertusato… por qué patea al mastín?

El abrepuertas de palacio me ha convidado al lienzo.
Y yo vuelvo a entrar al cuadro por el trasluz del yeso.
Confirmo que la estancia no es tan ancha como es larga.
Y me fijo en las pinturas que cuelgan de los muros:
Minerva y Aracné.
Apolo y Pan.
(De Rubens y Jordaens).

Margarita tiene sed: lo leo en sus labios.
El pincel la ha retratado mirándome de frente
y la niña, a mano ciega, busca el agua de la jarra
que le ofrece la menina Agustina de Sarmiento.

Don Diego anuda el punto de fuga en la trastienda
que va del caballete a la claridad del vano.
            Todos miran hacia un sitio
que no está en ninguna parte.
Un prisma que recoge la retícula del tiempo
y que nos sigue
con los ojos
del siglo diez y siete.

## Conjuro

Te conjuro, inquietud, porque me obligas
a limpiar los cristales con las manos cruzadas.
A borrar la nostalgia de la razón perversa
que habita en los oídos de mis ingenuidades.

Te reclamo un santuario
para ensayar las sílabas
de esa angustia
que me sigue
y encierra
        entre metáforas.
Yo sé que la zozobra no resiste el misterio
en el desbocamiento de sus imponderables.

Quiero abrirte
una audiencia para apelar recuerdos
entre hábitos curiosos y caricaturas vagas.
Pero el cuerpo se interpone
sin miramiento alguno
        con ceguera de vampiro
        que persigue la sangre.

## El viaje de Federico

*¿Cómo fue?*
*—Una grieta en la mejilla.*
*¡Eso es todo!*
Federico García Lorca

Con la camisa blanca, manchada de cerezas
viajan los manuscritos desde Madrid a Granada.
Un globo de colorines sujeta los envoltorios.
Trae regalos para todos: un frasco de tinta y cera.
Su luna de pergamino. Casidas para la huerta.
El teatro de la Bernarda y una nueva cancioncilla.
Porque el piano, en San Vicente,
ha vuelto a dar vida a la copla.

Sol, verano y surtidor
y en *La Barraca* un letrero:
"*Volveremos en otoño*, de mono azul y con ruedas".
Pero afuera, sobre el Darro, los veinte campanarios suenan.
Encima de las multiplicaciones se han levantado las piedras.
La radio, maquillada, ha dado un parte de guerra.
Y un folio lleva pintado un arlequín con tres balas.

Criaturas y trampantojos ubican sus emboscadas.
En casa de Luis Rosales se complican las audiencias.
Entre Víznar y Alfacar, encima de las estrellas
bajan de golpe y con sangre
                    dos toreros anarquistas
                    un maestro
                    y el poeta.

## Impostura

*A veces la fuerza creadora no recuerda.*
*Confunde identidades: poeta y artesano.*
José Luis Morante

Vengo a robarle a este poema su impostura
el mobiliario de sus versos
la idoneidad de sus conquistas
las dudosas abstracciones que anudan sus rutinas
y esos pliegues que se hunden en mitad de cada letra
entre el símbolo del fuego y su vacío.

A rato duelen los adverbios que traicionan sus motivos
sobre máquinas y gestos y guarismos y conciencias:
la pretensión de otros enigmas
la vacuidad de algún proverbio
la tierna y pulcra tonadilla que se oficia en equilibrio
en ese cómo, cuándo y dónde que documenta el ánimo.

Temprano llega el pleito y apenas quedan voces
por encima del murmullo
invadiendo pergaminos.
Las razones de otros hábitos instaladas ya en sus brújulas
bailando complicados minués frente al espejo
cuando el viaje hacia el abismo
es una simple geometría.

## Se van los días y yo me quedo

*Les jours s'en vont je demeure.*
Apollinaire

Voy con el paso justo.
Desordenado.
Ya lo sé.
Y no me será posible cuantificar la esfera.
Responder a la apariencia traicionera de las cosas
o abdicar a los caminos concedidos por el tiempo.
Aún puedo, sin embargo, ordenar mis prioridades.
Teorizar con los despojos de las letras concebidas:
        jugar con su substancia
        desenterrar sus fórmulas
los papeles troceados, la etiqueta, los días
los rincones del claustro, el cartel de los símbolos
el tropel de las imágenes con uñas y con dientes
que en su prisa se deslizan
por una espiral de escenas.

A boca abierta escucho el redoble de las letras.
La postura empeñada: el júbilo egoísta.

Las lentas barricadas defendiéndose del fuego.
Y esos ojos sin yema, maldicientes de la fata:
        Morgana la que exhuma.
Morgana la que quema.
Morgana minuciosa, flotante, retorcida
incrustada en la neblina
del olvido y la memoria
        con el cuerpo transparente
        vestida de humedades.

La soledad pesa lo suyo más allá de la apariencia.
Y quién querría volver atrás...
        (¿será imposible?).
Sigo estando en el umbral:
        detrás de los escombros
con mi porción de fantasmas
y el rostro sucesivo.
Como una víbora emplumada en su propia geografía
que se empeña en hospedar los monstruos de leyenda.

Será así como las playas absorban mis caminos
con el revés y el derecho de todas las tentaciones.
La misma piel que aferra
con su desesperación al hueso
sobre un alma que descree
del cuerpo renacido.

## La mala sombra

*...los días pasan*
*uno después de otro*
*cuenta de rosario tejida*
*entre la sombra y el aire*
Luz Mary Giraldo

Este atrevimiento (esta conciencia brusca)
este tratar de maniatar los silencios convenidos.
La encarnizada luz: la mala sombra
con sus racimos agridulces desgranados hasta el vino.
Este ofrecer los manantiales en bandeja... sin remojo
como una transacción que se desboca efímera.
El aleteo de la catástrofe: la espiga entre las cumbres
amarrada con serpientes a sus orillas y a los vientos.

Aún duele aquella cifra en su retórica consigna
ante las ganas de rodear como un incendio las caricias.
Soledad que es la impostura enroscada en rebeldía
donde la última palabra aún deja huella bajo el símbolo.
Es el retrato original (indestructible) hecho a pulso
y urdido entre las hebras de todos los maleficios.
Es el mar que sobrevive en algún oleaje oculto
hasta mostrar su ser acuoso de criatura indefinida.

## Desaparecer a medias

*Todo momento es el último porque es único.*
Marguerite Yourcenar

Mi torpeza ya no entiende de razones.
Leo a Yourcenar. Visito espejos.
Le huyo al revuelo de los vientos de verano
y ni siquiera sé por dónde aterrizan los misterios
que se cuelan de la calle cuando la luz gobierna.

En la mustia rigidez de estas pandemias y jardines
me preparo a conciencia para adherir sorpresas.
Tengo a mano mi teoría de las cosas inservibles:
el adiós de los amantes
la arquitectura de los sueños
el abandono por la providencia
la sabiduría de la serpiente
la aproximación de los contrastes
(tan curiosos como necios)
cierta lógica ligera que persigue el conflicto
ante la fuga inexplicable de las horas.

Mi oficio, de un modo u otro, es transmutar lo ingenuo.
Retornar a la partícula de paz que me da aliento.
Decir que la experiencia no escapa a sus consignas.
Que soy una mezcla de vestidos, lecturas y promesas.
Y que podría eclipsarme a ratos y desaparecer a medias.

## La baraja infinita

No vale cualquier llanto.
Aún cuando las lágrimas
revienten hacia adentro
y en la distancia y perspectiva
hundan su cifra los sabores
con los que apuesta el malcontento
metido en las querellas.

La baraja infinita reclama a sus actores.
Y entre ellos cobra el diezmo que cuestan las rutinas.
La utopía queridísima que siempre se trasborda.
Los talismanes del riesgo. Los chistes de reojo.
Y el cuerpo transparente que deja ver sus vértebras.

Quisiera creer
que no hay engaño
ni ordenanzas, ni entretelas
en la manera en que se inclinan las agendas.
Que los secretos que se quedan encogidos en los bordes
agregan, simplemente, paradojas al camino.
Y que detrás de las ofrendas
　　　—entre el ruido y las comparsas—
los tahúres que nos juegan tan solo son espectros.

## Persecución

*El arte parece ser el empeño por descifrar o perseguir*
*la huella dejada por una forma perdida de existencia.*
María Zambrano

Hay una rara
(y ridícula) presencia
que persigue insobornable mis sospechas.
Va por los calendarios susurrando consignas
flotando entre retratos, acertijos y protestas.

Cada vez menos simple: cada vez más inquieta
navega, barco adentro, en la corriente de mis venas.
Me obliga a atar vergüenzas
a descargar estratagemas
o a recoger (que diría Sancho) en albricias los despojos.

Con un ligero encogimiento de hombros
atravieso la memoria primitiva que me queda.
Recubro, con cortinas, los vanos y las puertas.
(Yo sé que en la trastienda
hay un punto indefendible).
Me acorralo entre esferas. En la razón poética.
En la tumba de Antígona y en los claros del bosque.
Pero es tarde... la morgana me gana la partida
sin sorpresas.

## Distopía

*La experiencia no es lo que te sucede,*
*sino lo que haces con lo que te sucede.*
Aldous Huxley

Se ha dicho ya
—y muchas veces—
que el tapiz de las miserias es de plata.
Y que así como una camisa de fuerza calma a un loco
el tacto de la seda en la garganta ajusta el habla.
Todo un mundo cabe allí: entre la seda y la plata.
En la camisa que se queda atorada en un abrazo
y en la manera como el loco se cubre la garganta.

También están los hilos que van del títere a la mano.
Y la vestimenta invisible que conmueve a los paseantes.
Y la colección de musarañas y avestruces en las plazas.
Y esa manía de darle cuerda al infeliz para que cante.

Hace ya vida y media que revuelvo los letreros
sorteando las viñetas circulares: los preámbulos.
La picardía analfabeta que liquida transacciones.
La tertulia que vertebra a los fantasmas y los mata.
Y la vida que se queda aturdida entre los márgenes.

## Morgana

*Changer de forme et de caractère de guerisseuse à sorcière:*
*pour elle, la force de la magie est généralement la Morgaine.*
Chretien de Troyes

Morgana transfigura
el aire entre sus huellas.
Acecha los remolinos, los fulgores: el parto.
Deslumbra, en piel cambiante, por encima de las piedras.
Se aprieta a las gargantas, fecunda los ovarios.
Hace doblar las campanas en todos los precipicios.
Y se sube a los océanos para revolver el sueño.

Morgana imita al cuervo con sus gritos de hechicera.
(conviene en no
mostrar su identidad:
confunde el término).
Hilvana el horizonte acolchado de las nubes
y su fórmula de gracia otorga nombre a los misterios.

Morgana, transformista, domadora de apariencias
fortifica las manzanas para redondear sus pruebas.
Va envolviendo, como un pliego,
las visiones de la esfera
por detrás de los arbustos anidados de vencejos.
Donde todo lo descrito, en su misión, la arrima al trance
con el lenguaje recíproco de mares y sirenas.

*Segunda entrega*

# DESIDERATA

*Go placidly amid the noise and the haste, and remember what peace there may be in silence. As far as possible, without surrender, be on good terms with all persons. Speak your truth quietly and clearly; and listen to others, even to the dull and the ignorant; they too have their story.*

Max Ehrmann, *Desiderata*

## El nudo borromeo

*Nada satisface el deseo del todo.*
*Lo real solo puede ser explicado en términos de ficción.*

Jacques Lacan

Lo real —decía Lacan—
es el registro insólito:
es la muerte
es el horror
          es el sexo
          es el delirio.
Es la sed que no se sacia
entre los líquidos del verbo
cuando la punta de un misterio
te golpea con su acertijo.

Lo real no es la pirueta.
Tampoco es lo visible.
Ni siquiera es el trayecto
que va del hecho
          a la palabra.
Es la grieta bajo el puente.
Es la caída. Es la trampa.
Es la pulsión que empuja al cuerpo
en la región de la materia
y que no puedes —ni debes—
desmontar entre tus ansias.

Y no ya por sus enigmas
sino por el atrevimiento.
Por esa urgencia que acaricia
cicatrices en la llaga.
Porque al final
de los intentos
—y en la piel
que deja el tiempo—
...amar
no es encontrar
lo que se busca:
*amar*
*es dar*
*lo que*
*no se tiene*
a quien no es.

## Esferas sucesivas

*Lo que sí digo sin vacilación es que sé que si nada pasase*
*no habría tiempo pasado; y si nada sucediese,*
*no habría tiempo futuro;*
*y si nada existiese, no habría tiempo presente.*

Agustín de Hipona

En el largo combatir para encontrar respuestas
a veces se abren puertas en la razón prohibida.
Espacios que justifican la embocadura de las aguas
y que van fijando el cuerpo en esferas sucesivas.

Sospecho de un reloj que marcaría las veces
en que un instante se postula como verdad discreta.
Todo ha sido y será, en la velocidad del riesgo
sobre un presente fragmentario que se precipita intacto.

De Agustín es la advertencia que anida en los sentidos
de esa legión que avanza por encima de las horas.
Usar los mismos verbos para implantar medidas
cuando cruza, sin preaviso, la memoria.

## Las clavículas del pánico

Mientras todos se olvidan
(entre sí)
las contraseñas
siempre hay quien memoriza
las clavículas del pánico:
        quema un libro
        caza un tigre
        compra un cuerpo a puñetazos
deshoja las margaritas de los pezones urbanos
oxida, como un hierro seco, todas las contingencias
y ordena sus prioridades en la habitación de al lado.

¿En qué consiste ser cómplice?
        ¿Quién vigila a los guardianes?

En la incierta travesía de las enormidades
no existen ya las hadas protectoras de los vientos.
El nagual que nos figura ocupa todos los ecos
y Morgana
(la que finge)
nos devuelve su reflejo.

## Política de enredos

Vas a tener
que figurarte un ángel
y acariciar sus letanías para ocultar agravios.
Disfrazar las ataduras que te apuran al combate.
O encontrar alguna fórmula desde la adversidad del reto.

No te queda más remedio
que enseñar
desnudo
el cuello.
Fingir con gesticulaciones
la elasticidad de las piruetas.
Vender el pan
la piel
las almas: —confiar en las rogativas
de tu política de enredos—
y esperar algún milagro ante la recompensa del silencio.
Nada te queda por perder
¿…o sí?
entre estas guerras.

## Tutela de las sombras

Todo lo infinito en su intención:
la voluntad
        la sed
        los círculos
convienen en falsear su identidad maestra.
En sobornar los perfiles terrenales de la carne
y en hacer de su escenario una inquietud sin treguas.

A veces será el cuerpo, la soledad o la insolvencia
o los amores sin triunfo en el lenguaje de los celos.
Entonces, bien o mal, flotará en su azar la duda
        la tutela de las sombras
        la memoria entorpecida
la escalera sin puertas de la que nacen hierbas
o el enigma de la noche acartonando el día
sobre un pasado fragmentario
        que se precipita errante
        cuando el viejo barco oscuro
        naufraga en la marea.

## Contienda

Me llamo a la contienda.
Al encaje productivo entre brujas y sirenas.
A procesar la materia que da memoria al pacto
y me enfrenta a los resortes de las fieras en la selva.

He alcanzado a descifrar el dolor de los adioses.
Los registros residuales que nos dejan las goteras.
El rumbo de las alegrías. Las parálisis del sueño.
El bamboleo de los asombros.
Las pasiones. La paciencia.
                    Y sin embargo
como un Argos de cien ojos
merodeo aún por los umbrales
de la lluvia sobre el fuego.
Acecho sus nomenclaturas.
El calendario de sus treguas.
Y me doy a la vigilia
(incoherente/rediviva)
entre una estrofa
  y otra
de mis versos.

## Dominios

*Mi mente vestida de carne,*
*mi carne vestida de cosmos.*
Mircea Cărtărescu

Bruñida como un cuenco de tierras artesanas
voy con pasos lentos por la perpendicular del siglo.
Limitándome a apilar un talud frente al barranco
entre hechizos, soledades y espantajos redivivos.

Floto, bocabajo, con las piernas sumergidas
y al fin llego hasta el solar donde me lanza el río.
Ha sido necesario figurar las ceremonias.
Dar cobijo a las caricias.
Propiciar las seducciones.
Desbrozar, terciar y sembrar los regadíos.
Pulir el pavimento. Recoger las vendimias.
Plantar una ramita de olivo en la hojarasca.
Y santificar la existencia vicaria del refugio.

La acacia del retablo reconstruye sus oficios
hasta dar con la estructura de su pequeña sombra.
Con horquetas suspendidas
entre el duende y la morgana
en el dominio que algún día ocupará la parca.

## Toda esta nombradía

*Yo he acumulado mi esperanza*
*en lengua, en nombre hablado, en nombre escrito;*
*a todo yo le había puesto nombre*
*y tú has tomado el puesto*
*de toda esta nombradía.*

J. R. Jiménez

Yo le daría esperanzas
a esa habitación sin puertas.
Y ordenaría los despojos
de toda esta nombradía.
Recobraría las maneras
de celebrar las horas.
Rasparía sus telarañas
pintaría de azul el techo
y me acercaría a la pizarra
perdurable de sus piedras
a pesar de los fracasos
atrapados bajo tejas.

Ahí quedaría
no obstante
el muro autoritario.
La soledad
de la inocencia
organizando ferias.

Los fantasmas que se esconden
en el mobiliario de los libros.
Las trampas y sus cebos.
La sustancia de las lágrimas.
Las señales de los lobos
que comulgan con la abuela.
Y esa casa que aún se empeña
en ser testigo, entre sus grietas.

## Figuras implicadas en la trama

*What can I tell you that you don't know*
*that will make you tremble again?*
Louise Gluck

No habría que defender lo obvio
pero bendigo el miedo
en su manera de encubrir la ira bajo el pecho.
Excavar la oscuridad.
Medir las consecuencias.
¿Alguien sabe
lo que vale una ilusión
que nunca cesa?
¿Es acaso ese compás entre la bruja y su escoba?
¿O el dulzor que da una flor que agota su hermosura?
La conversación abandonada.
Las diligencias del llanto.
La larga tradición que gana impulso entre consignas
cuando algo acecha el verbo con garras de tigresa
y va matando a las figuras implicadas en la trama.

## La edad de las estrellas

*Que si un día es el siglo de las flores,*
*una noche es la edad de las estrellas.*
Pedro Calderón de la Barca

Entiendo
el fetichismo complicado
        de lo inmenso.
La delgada incoherencia
que provoca el fastidio.
La palabra imposible
los tributos del sexo
y la ingenuidad que santifica
con cada ardid algún entuerto.
        Finjo atrapar el vértigo
        entre ángeles y laberintos
        ocupando la memoria
        con todos sus adjetivos.
La sonrisa en las máscaras. La edad de las estrellas.
Y el recelo que subsigue al amor entre dos aguas.

## Encuentros con la fiera

Tenías de sobra cal para tus huesos
la epidermis por manto
el sueño ingrato
la endiablada impaciencia repartida entre lunas
y un río de selvas húmedas por látigo.

Ibas y volvías por debajo de las sábanas
habitando el registro de todos mis vaticinios.
Alacranes de incienso, aguamiel y tentáculos.
Mandamientos huraños sin orden ni proyecto.

Eras la fosforescencia que se levantaba a oscuras
cuando el llanto de la sed apuñalaba insomnios.
Recorriendo territorios calcinados por las ruinas
bajo alguna tentación
que hoy nos provoca espanto.

## Para endulzar querellas

¿Qué va a pasar —entonces— cuando se cierre el círculo
y la miel que consagramos en propiciar luciérnagas
no sea ya suficiente para endulzar querellas?
¿Qué haremos con las fórmulas que pueblan los renglones?
¿Con las claves de Lorca? ¿Con la muralla y los libros?
¿Con el cofre y las postales enterradas en la arena?
¿Con los folios escritos a dos manos en la noche
        que seguramente algún necio
        descubrirá en su tiempo?
Salvaremos
—quizás—
la música de fondo
los pájaros verbales
las imposibles fugas.
Guardaremos la mirada
a través de otros reflejos
y el viaje expirará
vencido por su peso.

## La gracia herida

Sucede
que esta puesta en solitario
    es gracia herida.
Ligadura de un pacto intencional
    hecho de intrigas.
Es la escena en que aparece una figura acorralada
y el unánime silencio sutil de algún zarpazo.

Sucede
que en la imagen de este plano no hay testigos.
Solo sombras sosegadas. Desnudez y cobardía.
Paisajes que se despiertan a destiempo y por encargo.
Entre kioscos transparentes y rumores asesinos.

## La casa errante

*Avanza hacia el misterio*
*de la negación de los bordes*
*donde nada arroja sombra.*

Clara Janés

Si pudiera en un contrato apalabrar mis desatinos
yo le daría esperanzas a esta figura rota.
Me expondría a la mirada colectiva de los monstruos
y volvería a fijar el péndulo
la casa errante
        y su equilibrio.

Me bastaría —digo yo— con redondear la esfera.
Con desnudar de vergüenzas todas mis obsesiones.
Con el hábito de andar
bajo torpeza
en la penumbra
sobre el verde de la selva
y la noria atardecida.

## Oxímoron

*Déjame en paz, pacífico furioso,*
*villano hidalgo, tímido arrogante,*
*cuerdo loco, filósofo ignorante,*
*ciego lince, seguro cauteloso…*

Lope de Vega

Apelo a la incoherencia. A la soledad sonora.
A la torpeza agraciada de la concupiscencia.
A las manos abiertas que se empuñan vencidas
y al vaivén inamovible de la inercia.

Reclamo la transparencia de la oscuridad fulgente.
La calidez del hielo. El alarido del silencio.
La deleitable dolencia de un nervio apaciguado
y la adversidad de la concordia de tirios y troyanos.

## Boceto

Lo dibujo en pocos trazos.
Sin diluir el contorno asociativo en la pizarra.
Sin otras proporciones que la pátina de fondo.
La calidad del bosquejo. La red de afinidades.
Los eslabones perdidos. Los abismos.

Habría más de un motivo para enmendar la plana.
Para trucar, con transparencias, los bocetos figurados.
Para volver a retocar de palideces las viñetas.
El juego de las luces.
La compensación de la mirada.
El deterioro del conjunto.
Las escamas.
Los párpados.

A la tentación de la malicia le he sumado algún secreto.
(No hace falta proyectar de una vez todas los datos).
Sucede, más bien, que me he rendido a la nostalgia.
Sin tener alternativas para retratar lo ingrato.

## Vivir entre figuras

*Porque vivimos realmente en figuras.*
*Y a pequeños pasos marchan los relojes*
*al lado de nuestro día verdadero.*

Rainer María Rilke

Prescindo aquí de aquella anomalía
que me apuraba, discreta, a fingir las ceremonias
y en la que yo me refugiaba contra faustos y mareas
por huir del calendario detrás de otras estrellas.

Era la rueda de los signos
—ya lo sé—:
el anillo del Valhalla.
La mímica simbólica que nunca se traspasa.
Era el tiempo del hechizo.
Del patrocinio de adviento: del culto a los rituales.
De los verbos fiduciarios y las vísperas perpetuas
con sus figuras automáticas, exactas y simétricas.

## Esa última palabra

A ratos le decimos
a la piel que nos devuelva
los albores puntuales del cuerpo entorpecido.
Que desvíe las consecuencias de sus fatamorganas.
Que cuente el número de veces que un secreto se delata
y atraviesa los cristales para iluminar la almohada.

Un solo paso en falso
y volverían los andamiajes.
Los circuitos clandestinos. La burbuja entre las aguas.
Los pasillos que recortan el vaivén de las miradas.
La distancia que separa el paladar del gusto.
Los marañones de la infancia. Los eclipses de luna.
El despertar de la confianza ...y esa última palabra.

## Las que vuelan

Le respondo a quien me diga
que no cree en las sinrazones
que por allí viene la fata
(la de la múltiple apariencia)
persiguiendo recompensas detrás de los espejos
y con el perfil del dios Anubis pesando corazones.

No diré que sé del verso que rodea las siete orillas.
De las moiras hilanderas que zurcen las tinieblas.
De las manchas del jaguar, donde se cifra lo infinito.
Y de la sal y las resinas para hacer sangrar las piedras.

Curándome de espanto
hablaré de lo que ocurre
cuando el puño en el papel
agujerea lo ingrato.
Contaré de los espacios cardinales de las selvas.
Y de cómo hay que aprender a conjurar mareas.

Y, en ánimo de aplacamiento —y con estricta reverencia—
saludaré a las que vuelan: a las guardianas de las huellas.
(...Y a los que quieran ver las cifras detrás de cada letra).

## Perfil de las ficciones

Tristeza
me da la fábula
que no es testigo
de su engaño.
Y el entorno simbólico que provoca su fuga.
La navaja que corta el perfil de las ficciones
y se encierra en una gota de tinta en lo mundano.

No es por decir
pero maldigo el cálculo
de esa especie de sílabas que se juntan tramando
la sonrisa perpetua de un juego extraordinario
o la mirada mezquina de un sencillo milagro.

El rumbo de las horas se ha vuelto estacionario.
Y la letra, atomizada, ya no encuentra a sus autores.
Como si fueran fantasmas alejados de sus signos
por antiguos alfabetos todavía no revelados.

## El día menos pensado

*En memoria del poeta salvadoreño Luis Borja (1985-2021),*
*a quien la pandemia se llevó el día menos pensado.*

Quién iba a contarnos
de esta fiereza ingrata.
De estos pasillos largos
en proyección de espejos.
Del resabio y el presagio
a media tarde
 al alba
y del nudo en la garganta
que condiciona el miedo.

Nadie creyó
que esta tragedia
del día menos pensado
tocaría todas las puertas
para elegir su esquela.

Nadie esperó
que la hilandera
marcaría al joven poeta
y que le atraparía
en mala hora
robándole
en sus versos.

*Tercera entrega*

# DOMUS

*En soledad te inventas y te eriges*
*—estatua centelleante de ti misma—*
*mientras el grillo, en las dormidas hierbas,*
*toca su verde flauta de rocío.*

Margarita Michelena

*Yo soy de alguna orilla, de otra parte,*
*soy de los que no saben ni arrebatar ni dar,*
*gente a quien compartir es imposible.*

Rosario Castellanos

## Las paredes necesarias

He vuelto a construir la misma casa.
Las paredes necesarias.
El ventanal abierto.
La mano escasa de verdores, hortalizas y jardines.
Unos cuantos resortes para fijar la vista.
El óleo, los retratos, los dibujos, las tintas.
Las vasijas de arcilla. Los colores del barro.
y el resto solo libros vertebrando el dominio.

Guardo un par de alimañas debajo de la mesa
(por valerme de los trucos que me demanda el
ánimo).
Morgana se aparece y yo me quedo inmóvil...
(como grulla en una pata: desplegando banderas).
Discreta en mi rutina de persecución y fuga.

## Escalera al cielo

*There's a sign on the wall, but she wants to be sure*
*'Cause you know sometimes words have two meanings*
*In a tree by the brook, there's a songbird who sings*
*Sometimes all of our thoughts are misgiven*
Led Zeppelin, *Stairway to Heaven*

Hoy la calle
me ha traído serenata.
Un tema con variaciones.
Un legendario rock clásico
que entró por el balcón
removiendo las páginas
y dando vida a la sospecha
de que hay voz en la galaxia.

De este plácido convite
he sacado en conclusión
que existe lo inmutable.
Que el perfume sobrevive.
Que las miradas se traspasan.
Y que la música que queda
se compone de alfileres
que nos van apuntalando
en sus trincheras.

## El mapa de las astros

El mapa de los astros
combate mis sospechas.
Encripta el gran silencio.
                    Lo consigna.
Rompe el arco del violín
que todavía me liga al cuerpo
y me cubre con la sábana
cordial del hemisferio.

Palmo a palmo
aliso el borde de la cúpula de estrellas
y veo morir en su caldero al sol decapitado.
La luna me persigue entre una lluvia de perseidas
y yo ingreso, con mi noche, al territorio de los
párpados.

## Agorafobia

*Now I've got that feeling once again*
*I can't explain you would not understand*
*This is not how I am*
*I have become comfortably numb.*

Pink Floyd, *Confortably Numb*

Sigo levantándome
en mi piel cada mañana.
Descorro la cortina.
Estudio espejos.
Mido las distancias
que hay detrás
de las aceras.
A un costado de la tienda.
Debajo de las piedras.
Comparo asignaturas.
    Cojo aliento.
Averiguo el intervalo
social de los paseantes.
La oscilación de las secuoyas.
La confusión por la sorpresa.
Las palomas.
La calle.
Los portales descubiertos.
La canción de los otros.
Los vecinos. El miedo.

Abro y cierro la puerta
otra vez: (segundo intento).
Me interpongo
(elegante)
a un costado de lo incierto
y recorto (cobarde)
el reto de las escaleras:
el ascensor, el paraguas.
la lluvia, los horarios
el sol, la mala sombra
el tráfico, la nieve.

Cierro
y abro la puerta
otra vez:
(tercer intento).

## Ojos entreabiertos

*...ojos entreabiertos, luz nacida.*

Vicente Aleixandre

Respiro el aleteo
de un pájaro en mis venas
la rendición de sus conquistas
su vuelo agradecido
el aroma narcótico
que sobrevive al hechizo
y el lenguaje de sus alas
que se complica en círculos.

Reconozco su plumaje.
el sacramento de sus trinos
la revuelta de su danza
la espiral de su prisa
su trama vagabunda
en la terquedad de sus reflejos
y esos ojos entreabiertos
que caen hasta el abismo.

## Registros

*Sólo salgo para renovar la necesidad de estar solo.*
Lord Byron

En el tropel de los registros
que hoy me abruman
confieso mi pavor
por los pasillos largos
los espacios abiertos
los poblados
las pupilas
que se encajan
en la nuca
detrás de las miradas
 el confeti
 el aceite
 los gusanos
los letreros parpadeantes
y las metáforas del llanto.

## El humo en el aire

*...y ha dejado*
*detrás de sí el mismo vestigio que*
*el humo en el aire o la espuma en el agua.*
Dante, Canto XXIV, *Infierno*

No he podido
sustraerme
a la inclemencia.
Miro alrededor
y apenas veo dibujos
esgrafiados en las letras.
El espejo del Tezcatlipoca
continúa mudando el gesto.
Succionando los tendones
por los nuevos almanaques
con una rápida destreza
para complicar el viento.

Y yo sé, por voz ajena
que esta garra en los pulmones
a la larga es lo que cuenta.
Que el humo en el aire
se traducirá en espuma de agua
y que irá calcificando sus resortes.

## Mnemónicas

*Se me antoja que todo pende de un hilo.*
Ana Ajmátova

Ignoro qué me lleva
a confiscar tensiones.
A perseguir golondrinas
y empeños ilusorios
en una tierra agotada
por preguntas y respuestas.

He pagado la factura
de otras cuentas atrasadas
y ya nada me obliga
a convidar aquello.

Y sin embargo
el péndulo se mueve
desde el silencio al eco.
Coleccionando efemérides.
Dando vuelta a los demonios.
Hasta pinchar con sus agujas
la manecilla del recuerdo.

## La anochecida ley

Todo me importa más
que aquel orgullo introvertido
que hacía nudo en la horquilla
de lo estatuario y su reglas.
La anochecida ley:
su pedestal de fórmulas
la incoherencia atada al cuerpo
al derecho y a la duda.

Esa ansia de notoriedad
(esa campaña inútil)
que convierte lo afectivo
en un arte clandestino.
Y que sin embargo insiste
con su tertulia estoica
en no rendirse
a la penúltima atadura
de las diosas.

## Vulnerable y temporal

*En vueltas y revueltas que me ensombrecen,*
*En el ciego palpar con los ojos abiertos,*
*¿Cuál es del laberinto la gran puerta,*
*Dónde el haz de sol, los pasos justos?*

José Saramago

Vulnerable y temporal
el circuito de las horas
me confunde: me trasciende.
Y como si apenas
descubriese mi impotencia
me entretengo mirando a las espaldas
cada vez que me doy cuenta.

A golpe de rutinas
empapelo cada pliego
en mis agendas.
Anoto sus nomenclaturas:
los ideogramas, las letras
y los voy enjaretando
con membretes y clavijas:
(los proceso...)
y sin esperar ningún milagro
los revivo en nuevas fórmulas.

## La alquimia de las horas

Echo en falta el color verde
y el aguacero de la tarde.
El sabor entrometido
de los mangos y ciruelas.
La viscosidad de los helechos.
Las ardillas. Los mares.
Y el paisaje de las cumbres
detrás de las estrellas.

He encontrado acá
no obstante
la alquimia de la horas.
La esencia de las piedras.
La casa de las aguas.
La luz que se desdobla
entre escorias y dinteles.
Y el viejo perro negro
sobre la boca
del infierno.

## Virtudes protectoras de las aguas

Sé que pronto
llegará la interferencia.
Las imágenes alternas.
            La llamada.
El ruido de otros cuerpos
sin persianas
            ni paredes
bajo una inmensidad solar
que me supera.

Salgo hacia la tentación
inalcanzable de la plaza
y me escondo en la mirada
para abarcar la escena.
(¿Dónde estará la fata?)

Cae la lluvia
sobre un trueno
—en buena hora
ya hacía falta—
y yo vuelvo a las virtudes
protectoras de las aguas.

## Retablo de las metamorfosis

*Me lleva el ánimo a decir las mutadas*
*formas a nuevos cuerpos.*
Ovidio, *Metamorfosis*

Hay un sueño incoloro
que me abisma el camino
que va de la insistencia
a la palabra esquiva.
Espacio columpiado
por transmórficas criaturas
que sobrevuelan los orígenes
ignorados, furtivos
ancestrales, confusos
de la piel de la memoria.

Nada sería en vano
si pudiera ver de cerca
a esos engendros
que hacen ruido
en mis baldas y gavetas.
Buscaría por las repisas
descifraría sus manuscritos
hasta dar con el retablo
de las metamorfosis.

## Revelación

*A mí solo me importa*
*el testimonio*
*del momento que pasa*
*las palabras*
*que dicta en su fluir*
*el tiempo en vuelo.*
José Emilio Pacheco

Empieza
a no quererme
la memoria.
He contado hasta cien rostros
esculpidos en mis sombras
y no sabría decir si esta estampa
(si esta fatamorgana)
sorprendida por el vértigo
en los pliegues del abismo
penetra en los tendones
ilusorios de una fuga
o me está ocultando el bulto
más allá de su incoherencia.

La imagen demorada se me pasa por la frente
y su chispa se mantiene en la mecánica del eco.
¿Será acaso un espejismo? ¿Una plaga de ilusiones?
¿O la ruptura que separa los registros de sus huellas?

En mitad del fiel despiste los senderos se fusionan.
El cisne que me mira interroga los temores.
Reta al diablo: riñe al ángel: pinta un cuadro.
Ocupa los laberintos detrás de su imaginario.
Y se olvida
        de las fieras
que conspiran en mi contra.

## Las palabras rotas

Matizar el recuerdo
con la inquietud
de un poema
me devuelve hasta la víspera
de las palabras rotas.
Aquel reunir los verbos
después de la partida:
          el verbo *ser*
          el verbo *estar*
el verbo elástico
(ofensivo)
el verbo necio.
          El verbo
*en-tre-cor-ta-do*
que aún insiste
con sus ritos
en busca de algún código
perdido en la marea.

## La rendición del cuerpo

Sé que tengo siete vidas
pero he acabado ya con ocho.
Y será necesario el prodigio
la proximidad de los asombros
la variación de los hechizos
entre los mismos retos
—y esa velocidad
que hace cosquillas
como un talismán custodio
        para seguir justificando
        la rendición del cuerpo.

## Todo pasa, todo cansa

*Todo pasa, todo cansa.*
*Y uno se arrepiente*
*De estar en su casa.*
Mercedes Sosa, (*canción*)

Por debajo de estos muros
veo pasar las ceremonias.
La fragilidad de la paciencia.
La geometría de los contactos.
El trípode que se desmonta
cargándose de extravagancias.
Huyéndole a las zonas
prohibidas del muestrario.

Todo el futuro espera allí:
entre la selfi y la vida.
El plan que se negocia.
La curvatura de los párpados.
La anomalía de los recuerdos.
La tradición. Los besos.
Y el cansancio cotidiano
que se arrepiente y pasa.

## El deshechizo ajeno

No puedo
abandonar mi laberinto
ni siquiera su sombra
hacerme nómada
pactar con los intrusos
entrevistar las avenidas
saltar de puente en puente
correr por la calzada.

Percibo
el parentesco
con las selvas.
Con la anchura asimétrica.
Con la orquídea en su caverna.

Es la aceptación
de la molestia
—ya lo sé—.
La ridícula confianza
que incluye en su modelo
el deshechizo ajeno.

## Teorema de la telaraña

La telaraña
es perfección
de Dédalo.
Simétrica y fatal
complica el cálculo.
Teje la alfombra
sepulcral
entre sus redes
con la belleza
escatológica
de un claustro.

*Cuarta entrega*

# ÁGORA

*Sabrás que para ti no habrá descanso,*
*La paz no está contigo, tampoco la fortuna:*
*El signo así lo ordena.*
*Te pagan bien los astros esta guerra:*
*Por más breve que sea la cuenta de tu vida,*
*Pequeña no será.*

José Saramago

*Aire que te vas*
*y no llegarás nunca*
*a conocer sus suspiros en el desasosiego*
*de los atardeceres violentados;*
*¿y también tú,*
*también te irás, amiga soledad?*

Demetrio (Meco) Fábrega

*Nadie te va a abrir la puerta.*
*Sigue golpeando.*
*Insiste.*

Blanca Varela

## La estación de recambio

Todo va
en sentido contrario a la franqueza.
Todo anima al disfraz: a los cristales rotos.
Todo avanza con las manos extendidas en el vértigo.
Por los jardines virtuales. Por los caprichos del patio.
Por las vitrinas de Armani, Lacoste, Dolce & Gabbana.

Miro, por tantos ojos, el aislamiento de los días.
La construcción de las matrices que ensayan el laberinto.
La estación de recambio. Otra mujer maltratada.
El dron que le dispara a los inmigrantes en la olas.
Los medios que no reportan el testimonio de las aguas.
La extracción de los adioses. Las lágrimas de nadie.
La sofocante armadura que busca su ego entre aplausos.
Los pergaminos proféticos que viven en las pasarelas.
La sagacidad de los de siempre para desmontar el verbo.
Y el morirse en un muestrario de deudas y apariencias.

## Sueños migrantes

*Toda luna, todo año*
*todo día, todo viento*
*camina y pasa también.*
*Lo mismo, toda sangre llega*
*al lugar de su quietud.*

Libros del Chilam Balam

El tiempo fue ahora mismo
cuando apenas clareaba
cuando subía con la corriente
la confusión mediática
la parcialidad de los afectos
el ofrecimiento de las aguas
y aquella geografía
que complicaba el sueño.

El oficio era encontrarle
otra salida al miedo.
Dejar de ver
en cada techo
un sitio naufragado:
la escuela del vacío
la iglesia sin memoria
la casa sin ventanas...
o morir a bocanadas
persiguiendo quimeras
recogiendo fragmentos
por todos los cementerios.

Apenas si una luz
si un tenderete escaso
sirviendo de cobijo
a las agujas de la pólvora.
Las ánimas flotantes.
Los vaticinios de catástrofes.
La mecánica del yugo
a un costado del barranco
y ese quejido de los niños
pegado a las espaldas.

Sobrará el silencio
y faltarán las voces
cuando la peregrinación
acabe por agotar su escena.
La insomne caravana
volverá a romper las piedras
y cruzará
otra vez
sin puentes
por sus itinerarios.

# Un mirador aparte

*No puede ser que estemos aquí*
*para no poder ser.*
Julio Cortázar

Delante
de su historia va un camino
a diez palmos de humedad
bajo el cansancio.
La rutina enturbia el rastro
entre abismos y horizontes
frente a un sueño que la obliga
a repartir los días ingratos.

Ella viaja en su derrota
al sitio de las piedras
en un desplazamiento
que le desviste el llanto.
La incierta lejanía confunde el horizonte
para hacer de su trayecto un mirador aparte.

## Candencia

Acaso sea
esa vieja chispa
la que ha atizado el fuego
y esta sea (después de todo)
una candencia provocada.
Un incendio que reclama
la lectura de otros días
y que habita en la trastienda
por encima de las llamas.

Un golpe de cintura
y este engendro mutará en tragedia.
La linea inquieta frente a la linea blanda.
Las palabras atrapadas más allá de las malicias.
Y la hoguera, siempre viva, en su hojarasca.

## Paisaje de época

Íbamos
recopilando
los grafitis y las piedras.
Las cosas transmisibles:
la guitarra, las flores
la inquietud de la calma
en la velocidad del cuerpo
que se abría
paso en las puertas
hasta el final de la escalera.

Era más que la osadía.
Era el paisaje de época.
La tentación de los afectos.
La mordedura de la bestia.
La cuerda suspendida
entre el viento y las luciérnagas.
Y aquel perfil en desaliño
de las efervescencias
que aún suspira por la herida
y exige condiciones.

## Memoria de sí mismos

*¿Acaso son memoria de sí mismos*
*y detenidos se contemplan ya para siempre?*
María Zambrano

La pregunta que me acusa
no es sencilla:
¿Qué ha pasado con aquello?
¿Con esa búsqueda de signos
bajo el umbral de los perplejos
modelando desafíos
y esculturas
en la arena?
¿Por dónde se han perdido
los cartógrafos del verbo
que prometían
sembrar consignas
y pintar de luces
y serpientes
nuestras
voces
y poemas?

## Cinco minutos eternos

*...la vida es eterna en cinco minutos.*
Víctor Jara, *Te recuerdo Amanda*

Soñábamos
con asaltar el cielo.
Con descolgar las estrellas.
Con ir provocando insomnios
a la variedad del sueño.
Cinco minutos eternos.
Medianoche de poemas.
Variaciones de una atmósfera
brutal: hecha de espuelas.
Sobre un sendero inquieto
que nos regalaba incendios.

Era importante amarrar
todos los cabos sueltos.
Desatar el alfabeto interno de las olas.
Surfear entre dos aguas para remontar las voces.
Y trenzar con nuevos mimbres la impaciencia.

## Lo angosto de lo incierto

*Nada distingue el arriba del abajo,*
*el antes del después.*
Pedro Rivera

Aquí
se hundió la ruina
persiguiendo los mares
y terminó por decretar
su propia fábula.
Empezó con la captura
 invasora
 de las aguas
entre el botín de la conquista
y los nuevos inventarios.

Aquí
en estos confines
llenos de posibilidades
                reventó
un día el cansancio
de las miradas rotas.
En este istmo ofendido
en su cintura por las gárgolas
entre lo angosto de lo incierto
y el viento acalorado.

## De los muros

*Aquí estaremos*
*con una pared sobre el pecho...*
*Pero no nos iremos.*
Tawfiq Zayyad

Y todavía
hay quien no sabe
casi nada de los muros.
De esos tabiques mampuestos
que revientan las aceras.
Del desastre atomizado que causan los misiles.
De la deriva de la historia. De la oscuridad del siglo.
De las entradas y salidas entre cómplices y beneficiarios.
De las ruedas que apelmazan las higueras y el olivo.
Del aparato de las sombras. Del fuego florecido.
De las heridas suturadas con barnices y jazmines.
Del mazo impredecible que excava en los portales.
Y del llanto de una niña emparedada en vida.

## La mano que nos mira

*Me/coso/un/ojo/en/la/mano/*
*y/te/miro/tocándote.*
César Young Núñez

No es posible
salir de la figura
de una lágrima
una vez que algún recuerdo
ha encapsulado sus consignas.
Le ponemos un nombre.
La cubrimos de símbolos
y acunamos su presencia
(imprudente) en una esquina.

Y, sin embargo
en una irreverencia
en un despiste
en una rara servidumbre
de la que somos víctimas
...el ojo abierto
que nos sigue
desde la palma de una mano
nos trae de vuelta la lágrima
y nos mira confundido.

## Atar sílabas

*Solo la voluntad me sobra.*
Francisco de Goya

Con nudos de algodón amarro esquinas
y finjo desandar rituales fatuos.
El espejo cuelga aún de mis dos cejas
bajo una orden de apuntar
—hasta rendir— los escenarios.

Dejo de ser (con mucho)
infiel a otras videncias.
Y no por transigir invoco viejas rémoras.
Me cobijo entre textos de la inmensidad profana.
En ciudades de algoritmos y un viejo abecedario.

Hoy fui a enfrascar
perfumes en las estanterías
y trepé por los andamios descuartizando fieras.
Solitaria ocurrencia que aún me obliga a atar sílabas
para no perder la angustia de mis identidades.

## Los espacios robados

En ese instante sorpresivo
que va de lo incierto al habla
la presencia de una buena trama
siempre ayuda a atar enigmas.

¿Quién llama a la osadía
—en vez de a la confianza—
para no descarrilar
urgencias, desnudeces
y destinos?

Habrá que dejar constancia
de esa secuencia ingrata.
De los dioses impasibles
que caducan por su inercia.
Del circuito enjaretado
entre las últimas querellas.
Y de los mensajes
que aún nos llaman
sobre faros
con luz
propia.

## Moiras

El puente de las maldiciones
va del silencio al caos.
Y nadie espera
            por principio
la llegada de las moiras.
Pero vendrán
            seguramente
a pesar de las sanciones
(con su marea de escarabajos
y su telar de estrellas)
aunque alguna cerradura
se confunda como puerta.

## Contradicciones

No cambiará
en mí la fórmula
de las contradicciones.
Ni la materia caprichosa de los sueños trenzados.
Me protege la herrumbre que custodia el sonido
Los rincones cerrados/los motivos del lobo
la diosa pordiosera, las vestales sagradas
y la rosa que por siempre
sigue siendo la rosa.

Me fastidia
lo ingenuo de las casualidades.
Los consejos canónicos de magia intrascendente.
El barco que aún persigue la latitud del tártaro.
La violencia del púlpito. La cacería del ciervo.
Los vientres de alquiler y los manteles ajados.

## Desordenar dominios

Les viene bien
          urdir silencios.
Desordenar dominios.
Sustituir, en voz ausente, los horarios y los días.
Inventar extravagancias cargadas de rutinas.
Entre un pliego y otro tanto de osadías.

Les viene bien
          robar a gritos
las metálicas sonrisas.
Despeinar las cabelleras que se erizan desde el frío.
Forjar las llaves maestras de las casas y edificios.
Y recortar todos los bordes que se salen de su esquina

## Ritmos tercos

Hay voces recurrentes.
Sonidos que atraviesan
los renglones y registros
y se encariñan con las cosas
que les sirven de silueta.

Son las voces que reclaman
un pasaje de ida y vuelta.
Los murmullos disonantes.
Las canciones que no cesan.
Los clásicos ritmos tercos:
los suspiros, los nervios
que flotan entumecidos
y se conjugan
sin buscarlo
con sus
verdaderas
letras.

## ¡Trato hecho!

Todo acaba por ser
cuestión de prioridades.
Anteponerse a la función
que encarna el hábito.
Elegir bien las respuestas.
Las bestezuelas implicadas.
La conversación que gana el pleito.
Los daimones, el arte.
Y el correr sobre una ola
para conservar
la magia.

Pero una cosa acabará.
Y llegarán luego otras…
Cuestión de prioridades:
¡Trato hecho!

## Autopoiesis

*Soy una chispa*
*en la tierra*
*un desahogo fugaz*
*del corazón que nos piensa.*
Claribel Alegría

No te he visto ni oído
simplemente te invento
obligándote a la leyes
que rigen el calendario
en el que se prohíben
los zoológicos
la tentación del cálculo
las murallas genocidas
y la trinidad del canto.

Te nombro
y te doy vida
a la vez que te deshago
en este atrevimiento
que prefigura el ánimo.

Da igual cuando te enteres:
—o la indignación
          en tus espacios—.
No volverás a tu frecuencia
ni al pretexto de otros pasos.

## La eternidad de las cosas efímeras

Algo queda
todavía de las propuestas
que nos daban la impresión
                    de ser eternas.
La fascinación por el paisaje.
El espíritu de las luciérnagas.
Lo feérico.
Lo atávico.
El deseo gesticulante
contenido en un suspiro
y el contraste boquiabierto
entre la arena y la selva.

En torno a lo visual
(y en duelo permanente)
aún flotan sobre el hierro las partículas del viento.
El chasquido de una imagen que golpea con la palabra
y la doctrina que se enrosca en las numeraciones de su cábala.

## Entre el sándalo y el pino

Tal vez vengan
de otro mundo
los olores que nos llaman
propiciando algún conjuro
por los días malgastados.

Olores suspendidos
entre el sándalo y el pino
que han quedado sumergidos
en la continuidad del magma.

Son fermentos que persiguen
una brecha en las ausencias
(con una cierta
destreza
para perfumar
las sábanas).

Resinas que se incrustan
en la tentación del vértigo
y se extienden como insectos
bajo el roce de una mano.

## El último poema

Ha perdido interés
en diseñar audiencias.
Tengo acceso al umbral
pero la iniciación no espera
(y se confunde con las voces
de las muñecas rotas).
Adentro.
Muy adentro.
Al otro lado de lo inmenso.
Un ingenio de colores
          sobrevuela.
Lleva inscrito
en grafito
mi último poema.
Roba aliento. Busca el rastro.
Da la vuelta. Se aleja.
Y semejante a un gran saurio
se estrella entre las piedras.

*"Bello no es lo fijo, sino lo flotante. Bellas son cosas que llevan las huellas de la nada, que contienen en sí los rastros de su fin, las cosas que no son iguales a sí mismas. Bella no es la duración de un estado, sino la fugacidad de una transición. Bella no es la presencia total, sino un aquí que está recubierto de una ausencia."*

Byung-Chul Han